लघु मेडिटेशन तकनीक - कविताएँ और प्रकृति द्वारा

मानसिक स्वास्थ जागरूकता के लिए| दुःख में भी थोड़ी आशा होती है| कभी - कभी 'ठीक' ना होना भी 'ठीक ही' होता है| आप अकेले नहीं हैं|

स्नेहा

Copyright © Sneha
All Rights Reserved.

मेरे दोस्तों और परिवार को समर्पित

क्रम-सूची

क्रम-सूची

प्रस्तावना

जब सारी दुनिया कोविड से जूझ रही थी, इन कविताओं में बताए हुए तकनीक को मैंने स्वयं रोज़मर्रा के जीवन में उपयोग में लाया|

यह ध्यान लगाने में कारगर साबित हुआ|

ये 'आशा' कविताएँ, मानसिक तनाव को दूर करने के लिए लिखी गयी हैं|

ये कविताएँ उन सबको के लिए हैं, जिन्होंने कोविड में शरीरिक समस्याएं झेली हैं और अपने प्रियजनों खोया है|

मानसिक स्वास्थ जागरूकता के लिए| दुःख में भी थोड़ी आशा होती है| कभी - कभी 'ठीक' ना होना भी 'ठीक ही' होता है|

आप अकेले नहीं हैं|

1. आशा - शक्ति

अकेला ना समझना खुदको,
कोई हो ना हो,

ये सूरज भेजा है तुम्हारे लिए,
तुम्हें शक्ति और रौशनी से भर देगा|

2. आशा - गोधूलि

ठंड बहुत है, ध्यान रखना,
गोधूलि अभी-अभी हुई|

रात आए कुछ पल के लिए तो,
कमरे की बत्ती जलाना|

कल का सूरज फिर निकलेगा,
आशा अपने साथ में रखना|

3. आशा - आगमन

थोड़ा-सा आसमान
खुला छोड़ रखा है,
धूप के साथ,
किसी शांत परिंदे के आगमन के लिए,

खुले पंख, चमकीली आँखें, इंद्रधनुष के रंग...

4. आशा - सूरज

आसमान के कैनवास पर,
एक नया तत्व
सोने की तश्तरी वाला सूरज,

क्रिप्टनाइट सी तेज़ रौशनी उकेरे।

5. आशा - बारिश की यादें

एक दिन कोहरा,
और फिर बारिश,
साथ लाई सर्द हवा,
फूलों में चमक,
मिट्टी में गीलापन,
साँसों में तेज़ी और...

यादें....

बारिश की यादें,

कोई कैसे भूले....

6. आशा - रौशनी

इस धूसर सुरंग के उस छोर से,
रौशनी आती दिखती होगी।

वक़्त ज़रा सा लम्बा होगा,
फिर भी संबल बनाए रखना।

अंधियारा भले ही अनंत लगे
तुम प्रकाश को मन में टिकाए रखना

7. आशा - तारा

अंधियारा भले ही फैला हो,
एक तारा रौशन कर देगा|

'गर चाँद ना हो आकाश में
तुम नथ से प्रकाश जला लेना|

लघु मेडिटेशन तकनीक - कविताएँ और प्रकृति द्वारा

8. आशा - बादल

इस बादल के बीचों - बीच से,
जो रौशनी आती दिखती है|

उसपर तुम ध्यान लगाए रखना,
तुम याद करना वो हँसते पल,

और आगे-आगे बढ़ते जाना|

9. आशा - अंधियारा

कल रात बहुत अंधियारा था,
आज धुंधला सा आकाश हुआ|

कल सूरज फिर से चमकेगा,
तुम किरणों की आस लगाए रखना|

स्नेहा

स्नेहा

10. आशा - मैना

तुम आना इस मैना की तरह,
प्रकाश फैलाते जीवन में,

आकाश में धुंधलापन अब भी है,
आशा की ज्योति बाकी है।

11. आशा - कोहरा

ये कोहरा जब तक फैलेगा,
उजियारे को ही आस समझना,

कहीं दूर कोई हरियाली हो
उपचार उसी से कर लेना|

12. आशा - छत

ये सूरज हल्का चमका है,
कोहरा भी थोड़ा छँटा सा है|

तुम छत पर जाकर आसमान को,
अपने में ज़रा समा लेना|

स्नेहा

13. आशा - आकार

ये सूरज है या चाँद,
या है बस कोई आकार|

ये आस पास के बादल देखो,
कहीं गहरे, कहीं हल्के हैं|

तुम मौसम के मंज़र को तजकर,
रौशनी पर ध्यान लगाना|

14. आशा - रौशनी और उड़ान

आज धूप खिली है पूरी पूरी
और धुंध पूरा ही छँटा है,
सर्द हवा में गर्मी है,
मौसम पूरा खुला है।

बंद खिड़कियों को तुम अपने,
हाथों से झटके से खोलो।

'गर बैठे हुए कबूतर छज्जे पर,
उनको खुले आसमान में भेजो।

15. आशा - कल की यादें

कल की याद अभी तक बाकी है,
हंसी की फुहार अभी तक बाकी है|

एक सुन्डे मनाया था हमने,
और अंडे दाँत से फोड़े थे,
बीहु की सुबह एक डंडे से,
गोरु को पूजा था तुमने|

तुम याद बहुत ही आओगे
अपने बच्चों और परिवार को|

तुम आना फिर कभी प्रकाश,
और गुनगुनी सी धूप बनकर,
किसी सर्दी के दिन,
मेरे कमरे की रौशनदान से|

16. आशा - आज़ादी - प्रकाश

आज धुंध भी है,
और सूरज भी
आकाश में पूरा प्रकाश भी।

कुछ चिड़ियाँ चूँ- चूँ करती हुई,
आज़ाद गति से उड़ती हैं।

किसी बंद गुफानुमा कमरे में,
आज़ाद परिंदा आया है।

प्रकाश समेटे पंखों पर,
तुम्हें रौशनी दिखलाता है।

17. आशा - खुशबू

अगर कुछ भेजना संभव होता,
तो तुम्हें एक खुशबू भेजती|

पुराने छत के अस्त - व्यस्त कोने में
तुलसी के पौधे की गीली मिट्टी में,
एक अगरबत्ती जल रही है|

उसकी रेशम की धार जैसे धूएं से
मीठी सुगंध निकलकर मुझ तक आ रही है|

अगर कह पाती,
तो हवा से कहती कि
थोड़ी खुशबू और नर्मी
तुम तक भी पहुँचा दे|

संगमर्मर के पत्थर पर मंदिरनुमा नकाशी
के अंदर एक पीतल के दीपक में
एक ज्योत जल रही है,

अगर संभव होता
तो ज्योति की गर्मी और रौशनी
तुम तक भेज देती|

18. आशा - बारिश

बारिश आई कई दिनों बाद,
बिजली ऐसी कड़की,
कि जैसे आंतरिक कौतूहल को
अभिव्यक्ति मिल गई हो|

लैम्पपोस्ट की रौशनी में,
तेज़ बारिश की बलिष्ट बूंदें,
छप्पर पर दस्तक देकर,
किसी की नींद उड़ा रही हैं|

19. आशा - नींद

एक सुबह वह नींद से जागा और सबकुछ भूल गया
कल रात की बात, ऐसी कई बातों की रात,
दृश्यों से जुड़े पल, पलों से बने हुए दृश्य,
किसी एक व्यक्ति की आवाज़, आवाज़ों से गूँजता एक
व्यक्ति।

किसी तोप की नली से एक गोला निकला
और बिग बैंग की तरह धमाका-सा हुआ,
पर कुछ ध्वस्त नहीं हुआ, सब वैसा का वैसा,
सूरज, चाँद, तारे, ग्रह - ब्रह्मांड बिल्कुल अडिग,
कल और आज, शायद कल भी ऐसा ही रहे,
जो कुछ बदला, वो बस बादल
उजले - उजले बादल ज़्यादा छा गए
धुंध ज़्यादा बढ़ गई, कोहरा छाया,
छाता ही गया।

कल फिर वह नींद से जागा और सब कुछ भूल गया,
कल की कुछ बातों को भूल जाना,
उसके लिए अच्छा ही रहा,
कल आज के साथ ज़्यादा घुलने से,
कहीं कल को धुंधला ना कर दे।

20. आशा - सिसकियाँ

रात का अकेलापन,
ज़रूरी नहीं की तुम्हारे अंदर समाए ही,

जब रात गाढ़ी लगे,
तो खिड़की पर जाकर,
चाँद देख आना,
गहरे बादलों के बीच तुम्हें रौशनी देगा|

जब कंबल की गर्माहट में
गीलापन महसूस होने लगे
तब ध्यान रखना कि तुम्हारी सिसकियों को
महसूस करता है कोई|

वो दूर से देखता है तुम्हारे आसुओं को
उसे दुख होगा तुम्हें दुखी देखकर|

21. आशा - प्रस्ताव एक जीवन का

कल रात तुम सपने में आए,
कुछ बीस दिनों बाद,
तुम्हारे जाने के|

तुम प्रस्ताव रख रहे थे,
साथ चल चलने को,
मुझे डर और बेबसी से रोना आया,
मैंने साथ सोए बच्चों का हाथ थामा|

अभी नहीं जाना तुम्हारे साथ,
इन्हें मेरी ज़रूरत है आज,
हम फिर मिलेंगे,
अगले जन्म में ऐसे ही|

हमारा साथ है
सात जन्मों का|

22. आशा - पछत्तर तक के साथ की

तुमसे वादा लिया है,
साथ रहने का,
घूमने जाने का,
सब्ज़ी काटने का,
कॉफी बनाने और मुस्कुराने का,

और पछत्तरवें साल में मेरे जोड़ों में मालिश करने का|

तुम अबकी बार जब आना
तो पूरा पूरा आना
कहीं और मत जाना
चाहे ज़रूरतें कितनी भी हों
तुम साथ रहना|

23. आशा - पलों को स्वर्णिम करने की

किसी इतवार को,

नारियल के पेड़ों के कतार के पार,
किसी सुबह की भीनी हवा के साथ,

किसी तेज़ धारदार नदिया किनारे,
किसी एक ठंडे पत्थर पर पीठ टिकाकर,

हम,
एक काग़ज पर किसी पल को स्वर्णिम कर रहे थे|

24. आशा - इंतज़ार

तुम फिर आना,
कि घर तुम्हारा इंतज़ार करेगा

ये जो अधूरा सा छोड़ गए हो,
वो पूरा होने की आस करेगा

सड़कें खाली, बाज़ार अंधेरे,
तुम आओ तो उजियारा भरेगा

तुम आना
की शहर तुम्हारी राह तकेगा!

25. आशा - रंग

नारंगी रंग के गमले में,
भूरी मिट्टी गीली है,
उस मिट्टी के सतह पर से,
कुछ हरे रंग के पत्ते निकले हैं|
जब धूप पड़े हरियाली पर,
मिट्टी - पत्ते से मिलकर के,
तुम गमले के पास चले जाना,
आँखों को चैन मिलेगा कुछ,
मन को सुकून से भर लेना|

26. आशा - उजियारा

ये कोहरा जब तक फैला है,
सब धुंधला - धुंधला सा दिखता है,
कहीं दूर कोई सूरज निकला,
तो कोहरा छँटता जाता है|
तुम सूरज के उजियारे को,
अपने में ज़रा समा लेना,
कभी दूर लगे सूरज भी तो,
किरणों पर ध्यान लगा लेना|

27. आशा - मैना

एक मैना किसी छज्जे पर,
बैठी- बैठी चहकती है,
ना जाने कौनसे गाने की,
धुन धीरे - धीरे गाती है|
संगीत कोई 'गर सुन ना सको,
तो मैना पर ध्यान लगा लेना,
अकस्मात कोई असर ना भी दिखे,
धीरे - धीरे मन को मना लेना|

28. आशा - चिड़िया

आकाश में चिड़ियों का कोई झुंड,
बाहें फैलाकर उड़ता है,
आसमानी रंग के कैनवास पर,
उजले उड़ते बादलों जैसा दिखता है।
जो मन ना लगे तुम्हारा कमरे में,
तुम मन को उड़ान दे देना,
एक चिड़िया की पीठ पर मन रखकर,
तुम आसमान की सैर कर लेना।

9 798886 847987